Animals of Latin America /
Animales de Latinoamérica

LLAMAS
and Other Latin American Camels

LLAMAS
y otros camélidos de Latinoamérica

Zella Williams
Traducción al español: Ma. Pilar Obregón

PowerKiDS press. & **Editorial Buenas Letras**™
New York

Published in 2010 by The Rosen Publishing Group, Inc.
29 East 21st Street, New York, NY 10010

First Edition

Editor: Joanne Randolph
Book Design: Kate Laczynski
Photo Researcher: Jessica Gerweck

Photo Credits: Cover, p. 1 William J. Hebert/Getty Images; pp. 5, 13, 17 Shutterstock.com; p. 7 © The Gallery Collection/Corbis; p. 9 © Scott Smith/Corbis; p. 11 Ed Freeman/Getty Images; p. 15 Gavin Hellier/ Getty Images; p. 19 John & Lisa Merrill/Getty Images; p. 21 © Reuters/Corbis.

Library of Congress Cataloging-in-Publication Data

Williams, Zella.
   Llamas and other Latin American camels = Llamas y otros camélidos de Latinoamérica / Zella Williams. — 1st ed.
       p. cm. — (Animals of Latin America = Animales de Latinoamérica)
   Includes index.
   ISBN 978-1-4042-8128-8 (library binding) — ISBN 978-1-4358-3388-3 (pbk.) —
ISBN 978-1-4358-3389-0 (6-pack)
   1. Llamas—Latin America—Juvenile literature. 2. Camels—Latin America—Juvenile literature. I. Title.
QL737.U54W55 2010
636.2'96098—dc22
                                    2009008644

Manufactured in the United States of America

Contents

Contenido

You may think of camels as animals with large humps on their backs that live in African or Asian deserts. However, relatives of the camel family live in other places, too. Llamas are members of the Camelidae family, called **camelids**, that live in Latin America. Llamas were **domesticated** in what is now Peru about 4,000 to 5,000 years ago.

A veces pensamos que los camellos son animales con grandes jorobas que viven en los desiertos de África o Asia. Pero muchos familiares de los camellos viven en otros lugares. Las llamas, por ejemplo, pertenecen a la familia de los **camélidos** que viven en Latinoamérica. Las llamas fueron **domesticadas** hace unos 4,000 o 5,000 años en lo que hoy es Perú.

This young llama, at Machu Picchu, in Peru, does not have a hump like its African and Asian cousins. Like other camelids, llamas do have a long neck and long fur.

Esta llama está en Machu Picchu, Perú. A diferencia de sus primos en África y Asia, las llamas no tienen joroba. Pero, como otros camélidos, las llamas tienen largos cuellos y pelaje.

5

The **Incas** were the first people to domesticate llamas. Life in the Andes was hard. Llamas gave the people many things they needed, such as food, **fiber** for cloth, and help with their work. Llamas were so important to the Incas that they believed that one of their gods, Urcuchillay, took the form of a llama. He is often shown in Incan art.

Los primeros en domesticar llamas fueron los **incas**. La vida en los Andes era muy dura. Las llamas les daban a los incas comida, lana para su vestimenta y ayuda en sus labores. De hecho, las llamas eran tan importantes para los incas que creían que uno de sus dioses, Urcuchillay, tomaba la forma de una llama. Urcuchillay aparece mucho en el arte de los incas.

These statues of an alpaca, a llama, and a woman were made from silver by the Incas. These statues were found at the Island of the Sun, in Lake Titicaca, Bolivia.

Estas estatuillas en plata de una alpaca, una llama y una mujer fueron hechas por los incas. Estas estatuillas se encontraron en la Isla del Sol, en el lago Titicaca de Bolivia.

7

Llamas are social animals. This means that they like to live in groups, called herds, with other llamas. Llamas can have babies at any time of the year. Females generally give birth to one baby, or cria, at a time. Llamas eat grass and other plants. They send messages to each other using movements of their ears, bodies, and tails.

Las llamas son animales sociales. Esto quiere decir que les gusta vivir en grupos, llamados manadas, con otras llamas. Las llamas pueden tener crías todo el año. Generalmente, las llamas hembra dan a luz a una cría. Las llamas comen hierba y otras plantas. Las llamas se comunican entre sí moviendo sus orejas, sus cuerpos y sus colas.

Here two adult llamas stand with a cria on a Peruvian hillside.
The cria stays with its mother for as long as eight months.

*Aquí vemos a dos llamas adultas y a su cría en las colinas de Perú.
Las crías se quedan al lado de sus mamás duante ocho meses.*

11

Llamas are gentle animals, for the most part. However, they sometimes fight each other and even **predators** if needed. Some people actually use llamas to guard sheep. Llamas make a special cry to let the flock know danger is near. They will then chase, kick, and even kill animals, such as coyotes or dogs, that try to hurt the flock.

Las llamas son animales muy tranquilos, pero en ocasiones pelean entre ellas, y si es necesario, contra los **depredadores**. Algunas personas usan a las llamas para cuidar rebaños de ovejas. Las llamas hacen un sonido especial para alertar al rebaño. Las llamas pueden perseguir, patear, e incluso matar, a algunos animales, como coyotes y perros, que amenazan al rebaño.

This llama watches for danger while the sheep graze. If the llama spots any animals that do not belong in the field, it will sound the alarm.

Esta llama cuida las ovejas. Si la llama ve a algún animal que no pertenece al rebaño hace sonar su alarma.

13

Alpacas, like llamas, are domesticated camelids. Because they are about half the size of llamas, they are not usually used as pack animals. Most alpacas are raised for their fiber, which is worth a great deal. Alpacas are native to the high plains of the Andes Mountains, but many people raise alpacas around the world.

Al igual que las llamas, las alpacas son camélidos domesticados. Las alpacas son más pequeñas que las llamas por lo que no se suelen usar como animales de carga. La mayoría de las alpacas se crían por su **valioso** pelaje. Las alpacas son originarias de las llanuras de los Andes, pero hoy las alpacas viven en muchas partes del mundo.

Two Peruvian children stand with their alpacas.
Their fiber is finer and softer than llama fiber.

Aquí vemos a dos chicas peruanas y sus alpacas.
El pelaje de las alpacas es más suave que el de las llamas.

Guanacos are wild camelids that live high up in the Andes Mountains. They also live on lower plateaus, plains, and coasts in Peru, Chile, and Argentina. Guanacos feed on grasses and other plants, as their domesticated cousins, the llamas and alpacas, do. Guanacos can run up to 35 miles per hour (56 km/h).

Los guanacos son camélidos salvajes que suelen vivir en la parte más alta de los Andes. Además, viven en las mesetas, las llanuras y las costas de Perú, Chile y Argentina. Al igual que las llamas y las alpacas, los guanacos comen hierbas y otras plantas. Los guanacos pueden correr hasta 35 millas por hora (56 km/h).

Guanacos are generally brown on top and lighter on their undersides. Guanacos eat grasses, bushes, and other plants and can go without water for a long time.

Con frecuencia los guanacos son de color marrón y de color claro en la barriga. Los guanacos comen hierba, matorrales y otras plantas. Además pueden vivir sin beber agua por mucho tiempo.

Vicuñas are the smallest camelids. They live in herds of up to 25 animals. They spend the night up in the hills and come down each day to feed on grasses and other plants. Vicuñas have very fine fiber, which is quite **valuable**. The Incan people were not allowed to kill vicuñas, and only kings wore clothing made from vicuña wool.

Las vicuñas son los camélidos más pequeños. Las vicuñas viven en manadas de 25 animales. Las vicuñas pasan la noche en las colinas y bajan todos los días a comer hierbas y plantas. Las vicuñas tienen un pelaje fino muy valioso. Los incas no permitían la caza de las vicuñas y sólo los reyes podían usar prendas hechas con su lana.

Vicuñas look a lot like guanacos, only they are smaller.
They grow to be about 30 to 39 inches (75–100 cm) tall at the shoulder.

Las vicuñas se parecen mucho a los guanacos, pero las vicuñas son más pequeñas.
Las vicuñas llegan a medir de 30 a 39 pulgadas (75–100 cm) de altura a los hombros.

19

Today, native people in the Andes still do a yearly roundup of vicuñas, just as the Incas did. These roundups are usually done during a special **festival** in the spring. The most well-known roundup is Peru's *chaccu*. On the day of the chaccu, the community comes together to herd the vicuñas into a pen. They then shear the wool and let the vicuñas go.

Tal y como lo hacían los incas, los indígenas de los Andes realizan un rodeo anual de vicuñas. Estos rodeos se celebran durante un **festival** en la primavera. Uno de los rodeos más famosos es el *chaccu* en Perú. Durante el chaccu, toda la comunidad se reúne para encerrar a las vicuñas en un corral. Luego trasquilan, o cortan, la lana de las vicuñas antes de dejarlas en libertad.

Here hundreds of vicuñas are being herded into a pen during the chaccu festival.
The vicuñas are likely scared, but they are not hurt during the roundup.

Aquí vemos a cientos de vicuñas en un corral durante el festival del chaccu.
Aunque las vicuñas se austan un poco, no sufren daño durante el rodeo.

The people in the Andes still make use of every part of llamas and alpacas, even the droppings. They also raise important money for the community by selling the fiber of guanacos and vicuñas. Latin American camelids have been useful to people for thousands of years. Let's hope they continue to lighten our loads for many more.

En los Andes se siguen usando todas las partes de la llamas y las vicuñas. Incluso su excremento. Además la venta de la lana de los guanacos y las vicuñas ayuda a la economía de las comunidades. Los camélidos han sido de mucha ayuda para Latinoamérica. Esperemos que lo sigan siendo por muchos años más.

camelids (KA-meh-lidz) Members of the family of animals that includes camels, llamas, alpacas, guanacos, and vicuñas.

domesticated (duh-MES-tih-kayt-id) Raised to live with people.

festival (FES-tih-vul) A day or special time of rejoicing or feasting.

fiber (FY-ber) A thread or threadlike part.

Incas (ING-kuhz) A group of people from the western part of South America.

predators (PREH-duh-terz) Animals that kill other animals for food.

valuable (VAL-yoo-bul) Important, or worth a lot.

camélidos (los) Miembros de la familia de animales que incluye a los camellos, las llamas, las alpacas, los guanacos y la vicuñas.

depredadores (los) Animales que comen a otros animales.

domesticado Que ha sido criado para vivir con los seres humanos.

festival (el) Un día, o temporada especial en el que se festeja algo.

incas (los/las) Grupo indígena originario de Sudamérica.

valioso Importante. Que tiene mucho valor.

Index

A
Andes, 6, 8, 14, 16, 20, 22

B
backs, 4

C
camelids, 4, 14, 16, 18, 22
cloth, 6

D
deserts, 4

F
family, 4
festival, 20
fiber, 6, 8, 14, 18, 22

food, 6

H
humps, 4

I
Incas, 6, 20

P
people, 6, 8, 12, 14, 18, 20, 22
Peru, 4, 16
predators, 12

R
relatives, 4

V
vicuñas, 18, 20, 22

Índice

A
Andes, 6, 8, 14, 16, 20, 22

C
camélidos, 4, 14, 16, 18, 22
comida, 6

D
depredadores, 12
desiertos, 4

F
familia, 4
festival, 20

I
incas, 6, 20

J
joroba, 4

L
lana, 6, 8, 14, 18, 22

P
parientes, 4
Perú, 4, 16

V
vestimenta, 6
vicuñas, 18, 20, 22

Web Sites / Páginas de Internet

Due to the changing nature of Internet links, PowerKids Press and Editorial Buenas Letras have developed an online list of Web sites related to the subject of this book. This site is updated regularly. Please use this link to access the list:
www.powerkidslinks.com/anla/llama/